弘扬优秀传统文化
构建五观逻辑体系

易道五观说

马宝善 著

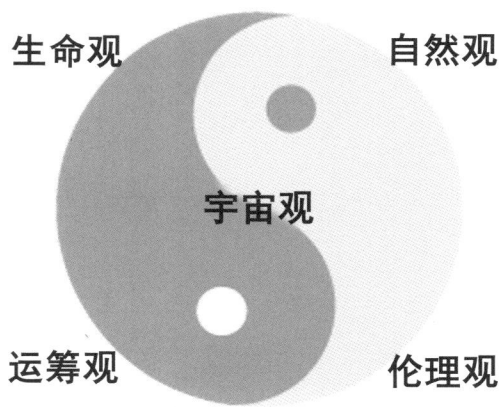

生命观　　　自然观

宇宙观

运筹观　　　伦理观

人民出版社

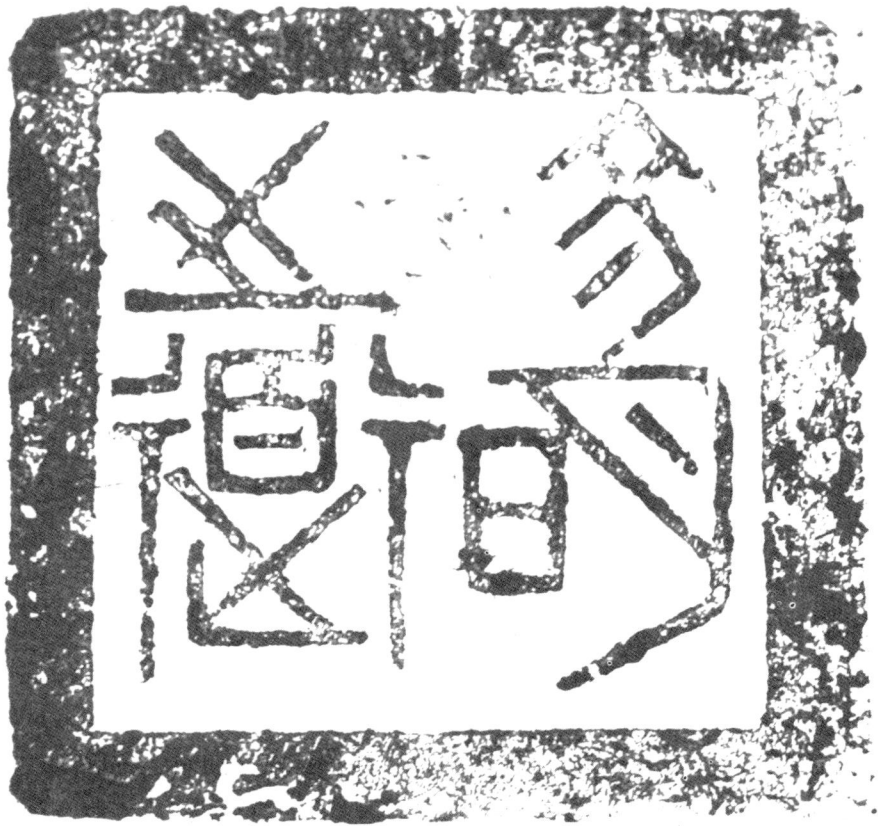

易明之道

伏 羲

　　《易经》，两仪、四象、八经卦、六十四别卦、三百八十四爻符号系统始创者。

文　王

　　"乾父、坤母，乾坤生六子"。先天转后天，始创后天八卦者。

老 子

　　“无名，天地之始；有名，万物之母”。“天下万物生于有，有生于无”。将阴阳之道贯通于自然与人类社会者。

孔 子

　　"天、地、人三才之道"，"易与天地准"，"导之以德"。将《易经》符号系统由占卜升华为哲学者。

太 极 图

太极，天道原生态。其运行原则以五为中心。

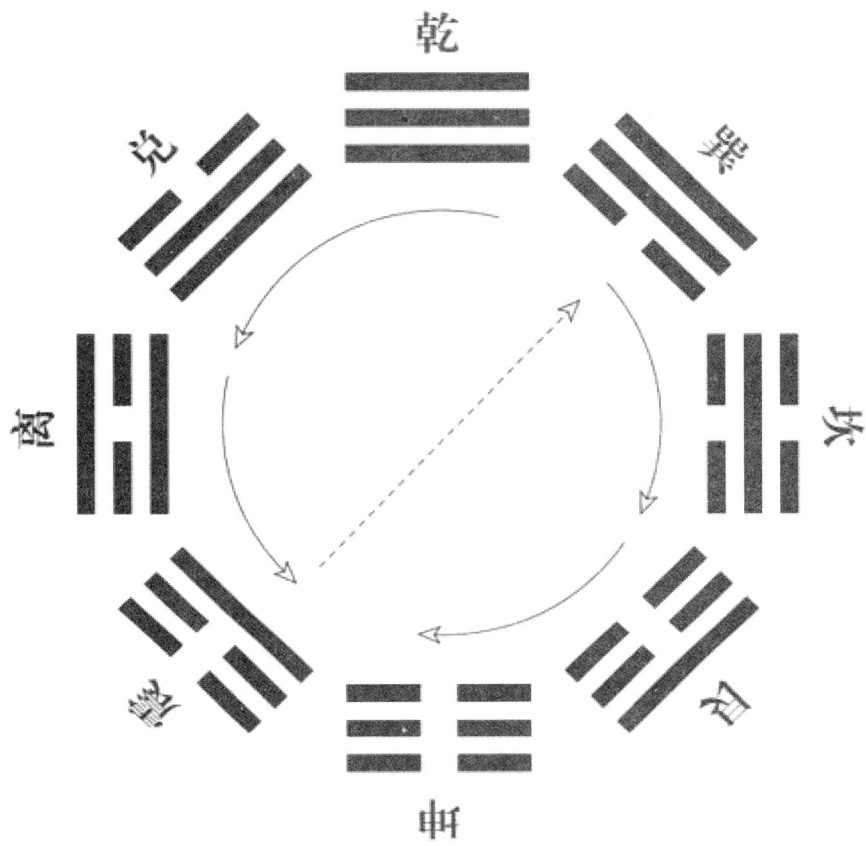

先天八卦运行图

先天八卦，运行线路以五为中心。

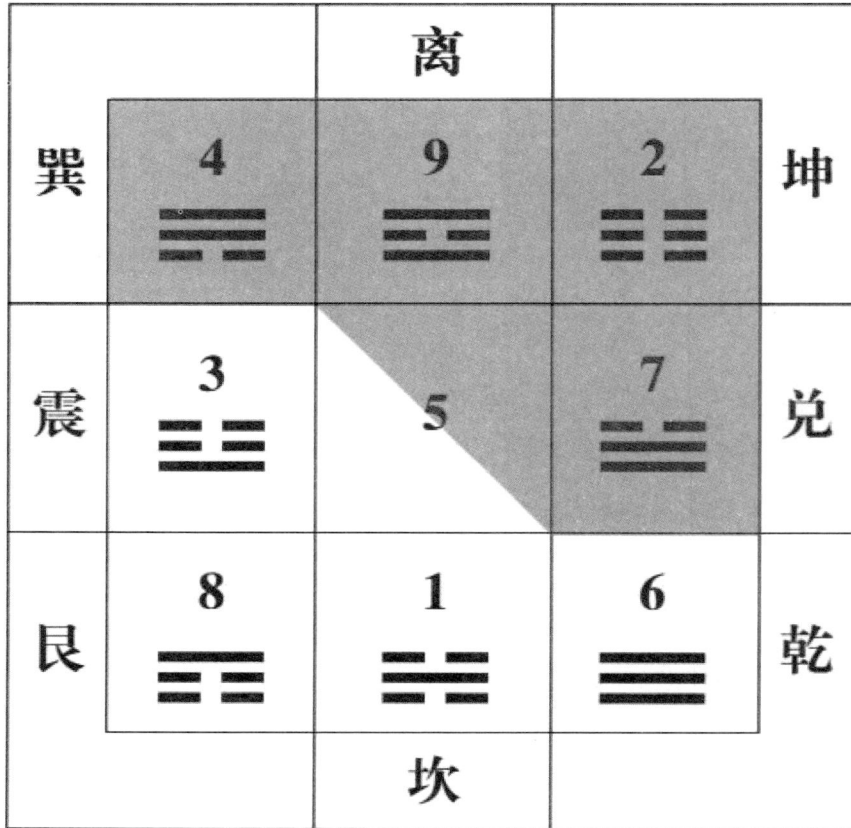

后天八卦九宫图

　　人类社会由男女两性构成，以乾父和坤母各一方，形成社会有机结构，以五为中心。

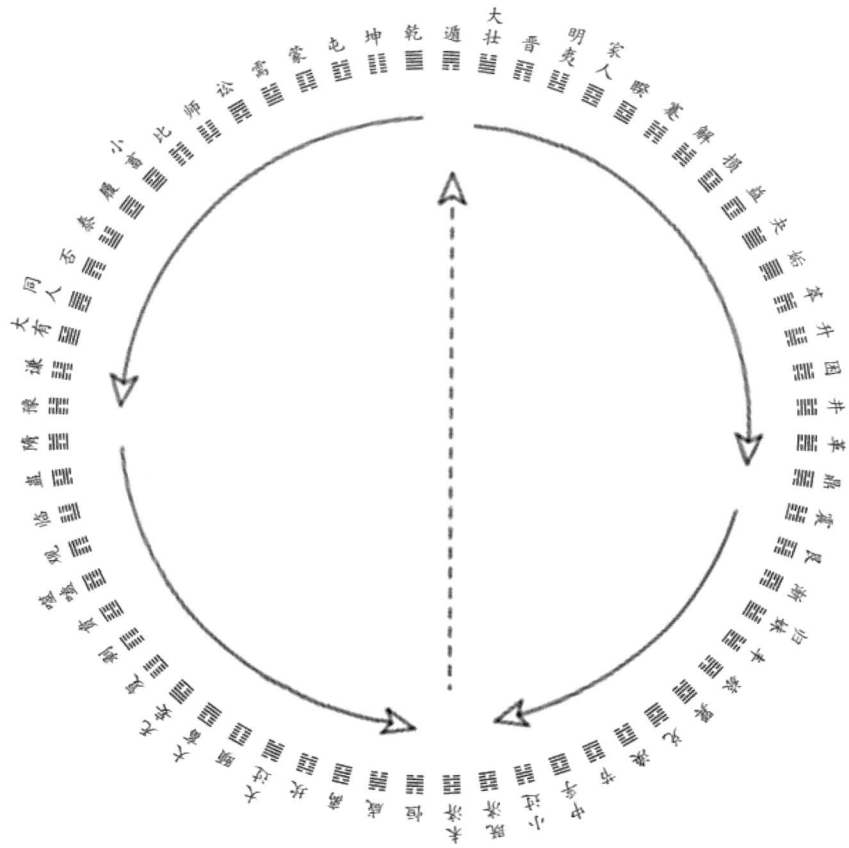

六十四卦圆图

六十四卦，前三十二卦左旋，后三十二卦右旋。
其运行线路为五。

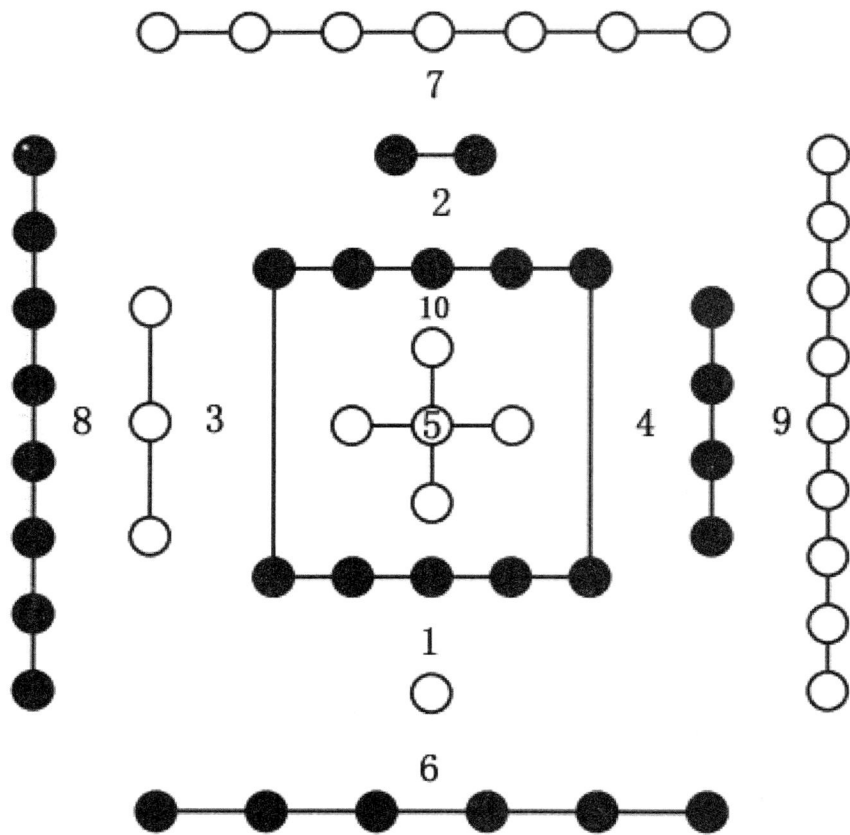

河　图

河图，地道顺生态；其排列格局以五为中心。

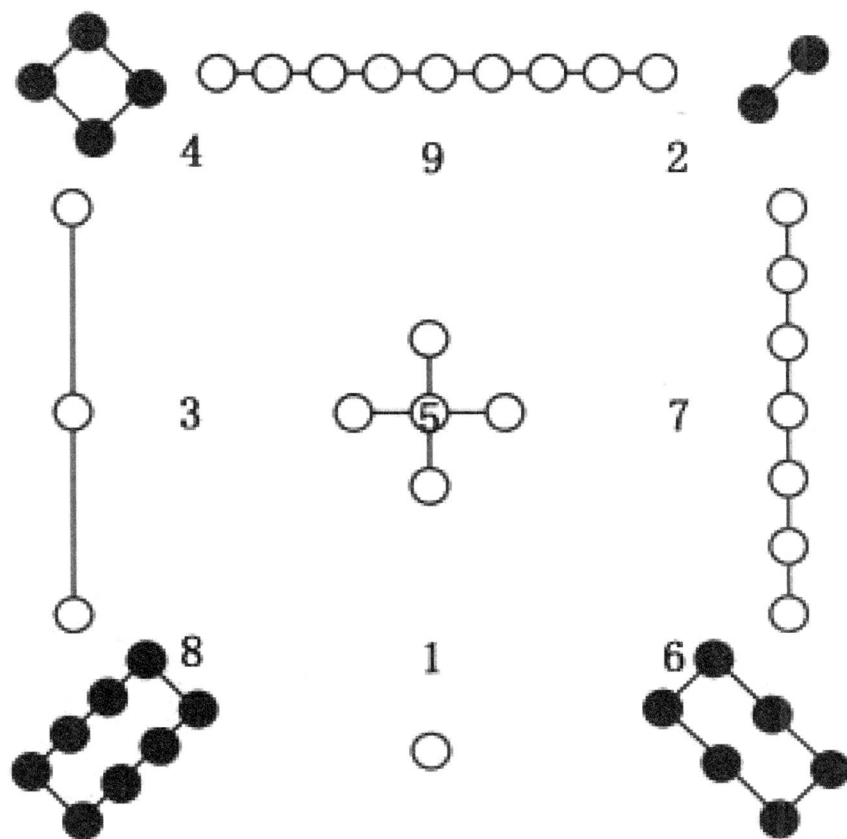

洛　书

洛书，人道善生态；其排列格局以五为中心。

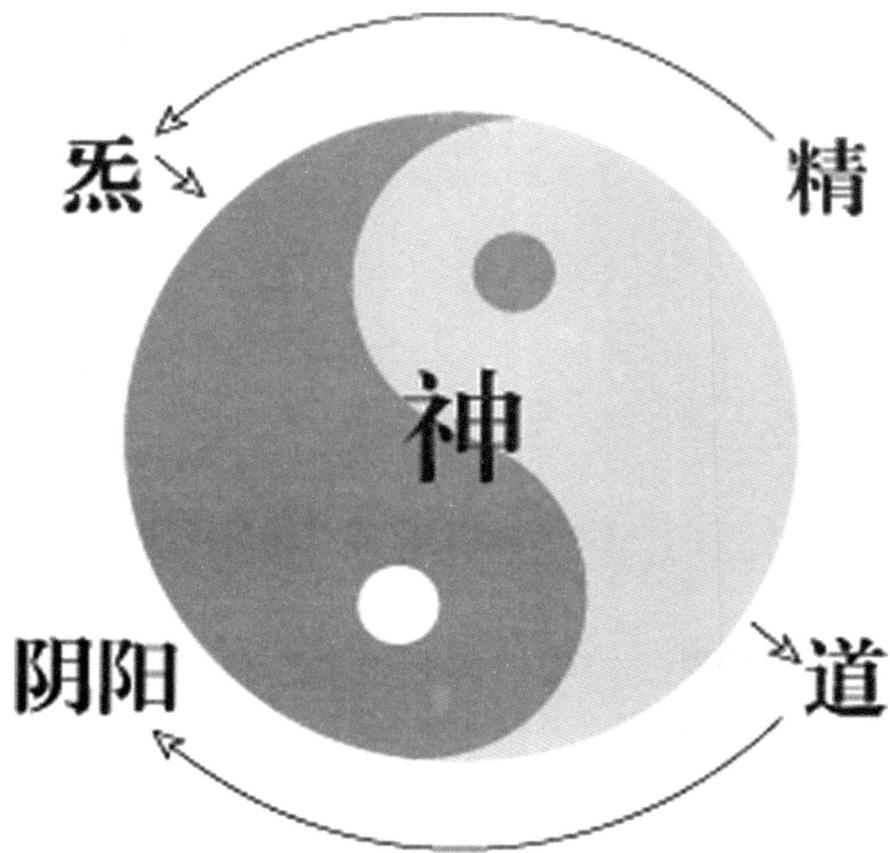

五大本体结构图

精炁神道阴阳五大本体，为宇宙之本，万物之源。

目　　录

先　说

共同理性存在于自然之中。

自然，包括天体、山水、花草树木等客观世界，亦含人类及其各种形态之主观世界。因为人类社会是自然界中一个重要的组成部分。正如老子所说"人法地、地法天、天法道、道法自然"（《道德经》）。

《易道五观说》就是对于人类共同理性的粗浅探索，以应于本世纪人类命运共同体之渴求。

我们的探索，无论从弘扬中华优秀传统文化的需求出发，还是从易道象数逻辑的角度推导，或从自然发展规律的必然结果看，宇宙观、自然观、生命观、伦理观及运筹观这五观，都是人类应当共同认知和追寻的目标。而中华古典文献《易经》、《道德经》、《黄帝内经》、《论语》及《孙子兵法》这五部经典，分别为宇宙观、自然观、生命观、伦理观及运筹观提供了较为全面、丰厚而深邃的论述，因而我们将其简述为

"易道黄帝论兵法"。易指《易经》，道指《道德经》，黄帝指《黄帝内经》，论指《论语》，兵法指《孙子兵法》。

易道黄帝论兵法五观思想，是我们人类生存与发展所共同追寻的目标，应该成为人类和平发展之共同理性。

文化是民族的血脉，是人类生存与发展的血脉，理性是民族的精神家园，是人类共同的精神家园。

从理性的自觉来看，宇宙以心为本，天地以物为形。顺象而辨，觉也；顺数而析，明也；顺义而释，知也；顺理而通，智也。

宇宙的本体精、炁、神、道、阴阳，五位一体。精为物，炁为介，神为识，道为律，阴阳为性。它们可以产生，但不能被产生。精、炁、神为实性本体，道、阴阳为虚性本体。虚性本体随实性本体的存在而存在，随实性本体的消亡而消亡。精、炁、神、道、阴阳，互为条件，相互作用，相互依存，相互制约，与天地万物同其体，同其根，万物得之则生，失之则亡。它们存在的基本功能是"异性相吸"，其演化衍生的基本原则是"对应统一"。

故，精、炁、神、道、阴阳五大本体，是宇宙无极妙有隐存方式，也是宇宙太极实有显现形态。五彩缤纷的世界万物，就是通过堪称天衢的"一阴一阳之谓道"的路径演化衍生而来。具有特殊思维能力的人类，成为万物之灵，显示了宇宙生命本来就具有的那种神圣价值。故《黄帝内经》曰："以其德全不危也"。

由于人类社会的特殊性，对于《易经》宇宙观、《道德经》自然观、《黄帝内经》生命观、《论语》伦理观及《孙子兵法》运筹观的认知与应用，就成为人类自己求生存谋发展的必须。

求生存是人类的共同本能，谋发展是人类的共有本性。否则，人就失去了存在的价值。由于人类的群居共处性，为避免相互侵害，制约个性与发扬共性就成为必然，谋求共同理性的任务，在当今互联互通的21世纪就显得更为重要。

人为万物之灵，从无极妙有衍化而来，参赞化育，出入众妙而复归无极。

何为共同理性？我们认为，共同理性可以列出千条万条，但总有那么几个带根本性，起主导作用，统揽全局的"将帅"，离开了她们，这个地球还真的就"转"不动了。

《易道五观说》共分为三部分：一是"探要思考篇"，提出了弘扬中华优秀传统文化不可再犯"独尊儒术"的错误，而要博采众长，抓住自然发展有机结构之五观核心；二是"五味精华篇"，从易道象数逻辑的角度出发，推导出五观结论；三是"共同理性篇"，从当今时代人类命运共同体的必然需求角度，提出五观是人类共同理性的思想宝库。

实际上，对于共同理性之五观认知，人类只不过是"自觉"与"不自觉"罢了！当然，自觉比不自觉要更好。

自觉，使人生活于自由家园；

不自觉，让人进入必然王国。

探索与思考难免有错，请各位多加批评指正。

作者：马宝善

2017 年 9 月 5 日

探要思考篇

易道黄帝论兵法

——对国学主流思想的新思考

通常认为国学是一个国家和民族思想文化的总称。因此说，国学的内容很多，包括的范围也很广。但是，作为国家的主流思想，其代表作即是该国家和民族思想文化的主要标志，而且决定和影响着该国家和民族发展的兴盛与衰落。

众所周知，两千多年以来，以孔夫子为代表的儒学思想及其经典，对中华民族的生存与发展产生了极其重要的影响。从历史的角度讲，中华民族国学的主流即是儒学。

然而在当今时代弘扬国学的大背景下，面对儒学却仁者见仁，智者见智，众说纷纭。如何是好，确实需要重新思考。

一、弘扬国学遇到困惑

中共十七届六中全会关于深化文化体制改革推动社会主义文化大发展大繁荣若干重大问题的决定，开宗明义对于中华民族五千多年的历史文化给予高度评价，让全国仁人志士欢心鼓舞，并在国内掀起弘扬国学的新高潮。然而，近几年来这股热潮似乎举步维艰：

①在社会层面更多是停留于书法字画、唱歌跳舞、乡俗工艺、民风戏曲等；

②在科教院校层面更多仍然潜心于经典文献的注疏及白话文解读；

③即使有少数学者思考深入之突破点，但还是摆脱不了《四书五经》等儒学门派思想文化的束缚。

④即便在天安门广场的国家博物馆门前塑一孔子像，也有不少是与非的思辨和争论不休⋯⋯

⑤社会上更有江湖人士打着弘扬国学的大旗，以宣扬《易经》真谛的名义，占卜算命，大行风水之道，行坑、蒙、拐、骗，捞取钱财⋯⋯

任何主导社会的思想文化总是与国人的命运息息

相关。

在人类迈进 21 世纪的时代，中华民族正在腾飞的今天，面对国学这一伟大而深刻的命题，我们的研究与弘扬必须重新思考，既不可照搬以往僵化的思维方式，又不能让困惑所束缚。

为让思想丰厚，意境深邃的国学随着经济的腾飞走向 21 世纪，走向世界，弘扬国学需要新思维。

二、产生困惑的历史原因

两千多年以来，作为主流的儒学命运坎坷，虽多次遭受冲击，但又从来也没有中断过，却又跌跌撞撞地存活到今天。

春秋战国时，儒学繁荣。"秦皇扫六合"后，实行了"焚书坑儒"，除医药、技艺外都在焚烧之列，不可能把儒学除外。到了汉代却又"独尊儒术"，高潮又起。

在外部世界非理性列国还未强大之前，作为国学主流的儒学，确实育养了中华儿女，经唐、宋、元、明、清，经、史、子、集，让中华儿女们学养丰厚，国富民强，在一段较长的历史时期，中华独傲全球。之后工业革命，西方列强兴起，向外扩张掠夺，于是发生了 1840 年的鸦片战争，英帝国远洋而来，坚船利炮使儒学威风扫地。紧接着于 1856 年英法联军发动第二次鸦片战争攻占北京，在京城实行烧、杀、抢、掠，致使地球上最珍贵的圆明园珍宝被抢一空，亭台楼阁被焚殆尽，给儒家儿女们只留下一片废墟……伴随着列强的入侵，儒学遭到了西学致命的冲击。

英法入侵后，又发生了 1894 年日本入侵，面对屠刀，仁者惨遭失败。紧接着德国、俄国于 1897 年攻占胶州、旅顺和大连……

在大清帝国还没来得及反省仁、义、礼、智、信的不足，更谈不上"内圣外王"。正在目瞪口呆之时，1900 年八国联军高举屠刀又接踵而来，以致使旧中国这块土地，被西方列强们强迫与清政府签订的不平等条约瓜分撕碎，步入半殖民境地……

西方列强的入侵与清政府的无能，使中华儒家儿女怒发冲冠，感觉到文化指导思想出了问题，国人先后开始了洋务运动、戊戌变法、辛亥革命等，觉察到只闭门修养，不壮大武力防备外侵，只靠理性难以立足。1919 年爆发"打倒孔家店"的五四新文化运动，对以孔子为标志的儒学又做出了全面否定的呐喊，开始另找救国之路。五四运动为中国共产党的成立在思想和组织上准备了条件。

正当中华儒学儿女们急起寻找救国图强之路时，1931 年 9 月 18 日日本入侵中国东三省，接着 1937 年 7 月 7 日挑起卢沟桥事变，展开了全面侵华战争，烧、杀、抢"三光"政策，使儒家儿女陷入一片血的火海。

从 1840 年英国发动第一次鸦片战争入侵中国开始，此后的英、美、俄、日、法、德、意、奥、荷兰、比利时、西班牙等西方列强蜂拥而至，对中华民族的烧、杀、抢、夺及瓜分割让，就像一群野狼在围堵与撕扯一只满身仁、义、礼、智、信的绵羊！绵羊惨不忍睹，以至到了强盗代替了主人，并在门口立起"华人与狗不得入内"的邪示。

在 1917 年"十月革命"一声炮响的影响下，毛泽东提出"枪杆子里面出政权"，"帝国主义和一切反动派都是纸老虎"、"要消灭一切反动派"的主张，让中国共产党找到了以武卫国的救国之路，弥补了儒学重文轻武的不足，于 1949 年让中国人民从此站了起来。然而在取得胜利后，于 1966 年又发生了"横扫一切牛鬼蛇神"的"文化大革命"，又将孔夫子、传统文化再次推入低谷，列入扫荡之列，儒学再次惨遭冲击。

儒学该自省了！

三、历史引发的思考

主流思想文化决定着一个国家与民族的前途命运。

儒学在历史上作为国学的主流，作为国家与民族的文化指导思想，应当说是从周公就开始了，孔子将其继承并通过办学的方式，有所创见地扩展开来。后人又将孔子推向"至圣先师"的顶峰。在中华历史的长河中，为什么以孔子为代表的儒学能够成为国学的主流，又大起大落？多次遭受灭顶之灾，却又能够存活下来？这是改革开放以来，弘扬中华优秀传统文化绕不开的话题，必须认真思考。

　　综合而言，儒学的代表作，主要是《论语》、《孟子》、《荀子》、《大学》、《中庸》等。其中心思想，概括而言为"修身、齐家、治国、平天下"；主要是让人类处理好人与人的关系，提倡"仁、义、礼、智、信"，以仁为核心，让天下太平，世界和谐，天下为公……由于儒学作为主流思想的奉行，长期以来，形成了"万般皆下品，唯有读书高"的传统，而读的书又是儒家四书五经，"学而优则仕"，选拔官员的重要途径之一又是"科举"制度，而"科举"考试的宗旨内容也主要是儒学，历代朝廷官员们以儒学治国，甚至有赵普半部《论语》治天下一说。即使是少数民族建立政权其思想治理基础也还是以儒学为宗旨。

　　严格地讲，儒学面对的是理性。在理性社会环境条件下，即可显现其优秀品质。但是，人类社会的现实不都是理性，非理性者多多。帝国主义、殖民主义以至法西斯主义……虽然经过两次世界大战，世界部分侵略者遭到灭顶之灾，似乎情况有些好转，但其劣根性及其残余势力依然存在，"盗心"不死，"贼心"未变，以强凌弱……恐怕还需要延续一个漫长的历史阶段。

人类在灾难中觉醒，而不是在诵经中成佛！

在后天的现实社会中，仁义礼智信，抵御不了枪炮子弹，更何况原子弹！中华儒家儿女该觉醒了，害人之心不能有，但防人之心也不可无。血淋淋的事实教育了儒家儿女：孤阴不生，孤阳不长；弘扬国学绝不可以再犯历史的错误，只埋头"修身养性"！而要"文武并重"。

可以认为，由于历史的原因，弘扬传统文化遇困是必然的。

如果还是"独尊儒术"，照此弘扬国学，军国主义、法西斯分子们将拍手称快，后果只能重蹈历史的覆辙。

四、在思考中提出解困

在两千多年的历史中，儒学多次受难，却又艰难地存活下来。我们经过认真思考，认为是其思想理论的优与劣并存所致。这是目前弘扬国学出现困惑的主要原因。其优与劣概而分析如下：

1. 重文轻武（儒学重点在修身养性，追求成圣，缺少武卫思想）；

2. 重义轻利（儒学重点讲义，而忽略甚至卑视经济利益，有碍经济发展）；

3. 重礼轻技（儒学重视礼节礼制，而轻视科学技术，有碍科技发展）；

4. 重圣轻王（儒学主张修贤成圣，而忽视外王强权御敌力度）；

5. 重养轻防（儒学重视个体修养，忽视对于小人伤害的预防）；

6. 重古轻今（重视先贤，轻视现实）；

7. 重德轻法（重视德行，轻视法治）。

儒学的缺陷使其"野火多次烧"，其优点又使其"春风吹又生"。

五、解困后需要新的思路

如果我们对于儒学的优劣认识及分析是基本合理

的，那么就可以对于中华几千年历史上发生的重大事件给以通释，对儒学自身大起大落的现象也可以予以顺理成章的合理认知。

人类进入 21 世纪，中华民族的发展，引起世人关注。中国要想走向世界并持续发展，必需要有思想文化特别是哲学思想的支撑。这个支撑绝不可能是零散的说教，而需要系统的逻辑体系才可胜任。

1. 古典六经：《诗》、《书》、《礼》、《乐》、《易》、《春秋》，奉行两千余年，但除《易经》外，无一经可称之谓"体系"的，其零散说教观点难以构成哲学意义上的逻辑体系。

从哲学角度讲，事物发展具有渐进性和渐进发展阶段性。

古典六经除《易》外，其余可以认为已定格在古代历史阶段。虽然说六经在春秋战国时期，对于"百花齐放，百家争鸣"活跃学术思想发挥过重要作用，其中有些观点至今仍然熠熠发光，但对两千多年以后的今天来说可谓：守成也难，开拓更显不足。

2.《易经》——中华优秀传统文化之根，需要深入研究，大力弘扬，尤其是《易·大传》的论述。大可赞叹的是伏羲早在人类新石器时代就为后人创造出了具有严密象数逻辑的正确认识宇宙天地人及万事万物发展变化的符号哲学思想体系。这应当认定为中华民族优秀传统文化之根，其"一阴一阳之谓道"、"天有阴阳，地有柔刚，人有仁义"、"天地人三才之道"，"易与天地准"以及"范围天地之化"、"曲成万物"等学术境界与思想高度，伟哉！（请参阅《易道宇宙观》，人民日报出版社）。

六、新思路开发新经典

作为国学主流的儒学，其在历史上的优与劣，以及给国家与民族带来的盛与衰，我们已在前思考中做了简要的概述。可以认为，当今时代弘扬国学，不能只认可儒学，而将其他优秀传统文化排除在外，"独尊儒术"，不能再犯只读"四书五经"的错误了。应该也必须去深入探索"负阴而抱阳，冲气以为和"以及"一阴一阳之谓道"的真谛了。因此，必须重新认识和梳理作为国学主流思想的传统经典文献。

可以这样认为，人类的一切知识学问，都是为有利于自身的生存与发展服务的。因此，人类面临两大课题：一是正确理解与认识大自然；二是正确理解与认识人类自己及其与大自然的关系。由此出发，深刻理解认识并大力弘扬宇宙观、自然规律、生命学说、修身养性、运筹方法，就成为人类自己面临的求生存、促发展的重要任务。

当然，作为人口众多、历史悠久的中华民族，其弘扬国学必不能例外。

作为国学，内容虽然很丰富，但我们必须抓其根本，究其主干，论其核心，延其外化。如果将传统文化比作一棵参天大树的话，其根、干、枝叶应是一个有机统一体。

我们在前面已简述了诗、书、礼、乐、春秋老五经的不足，并指出了新儒学"四书"的缺陷。依据自然发展规律之逻辑性及其与人类生存需求之关系，我们认为《易经》、《道德经》、《黄帝内经》、《论语》、《孙子兵法》这五部经典文献，（可以简述为"易道黄帝论兵法")是揭示宇宙观、自然观、生命观、伦理观、运筹观等哲学思想的重要宝库。《易经》为根，《道德经》、《黄帝内经》、《论语》、《孙子兵法》四经为干，其余诸子百家文化艺术、歌舞、戏曲、书法绘画等皆为大树之枝叶。这应是中华优秀传统文化的根本所在。

虽然说中华传统文化曾经被概括为儒释道三家，新五经似乎不应忘记佛家。但这是从学术思想派别与思想类型而言的。儒、释、道三者之间也不具有宇宙自然规律的逻辑性。哲学蕴涵了佛学主旨，涵盖了所有宗教意旨。世界全部宗教，如果离开生命，都将不复存在。佛学是自然的一部分，与《黄帝内经》的终极目标——对生命的认知与维护相一致。

（一）《易经》——这是中华优秀传统文化的源头活水。《易经》的核心思想是"一阴一阳之谓道"，"天有阴阳，地有柔刚，人有仁义"，"天、地、人三才之道"，"易与天地准"，她是一部具有严密象数逻辑的哲学体系，是人类史上任何一种理论无法与其相提并论的。她提示人类阴阳并存、心物一元、道器并重、三才之道、对应统一；她不像儒家只埋头"修理"自己，缺乏防御"小人"侵犯的思想预设，致使自己随时置于被敌残杀的地位。

《易经》从宇宙观的角度，揭示出：

① 心物一元的思想；

② 对应统一的观点；

③ 三才之道之规律；

④ 范围天地之化；

⑤ 曲成万物之道；

⑥ 象数逻辑结构；

⑦ 象数义理统一。

作为"三才"之一的人，求生存、促发展，不能不去认识和探求宇宙观展示给我们的"天、地、人三才之道"。

（二）《道德经》——这是一部揭示自然规律及其与人的关系的经典。老子秉承《易》理阴阳之道，提出"人法地、地法天、天法道、道法自然"的天、地、人三才关联律。并认为"无名，天地之始；有名，万物之母"，以及"天下万物生于有，有生于无"，这是人类最早的关于宇宙自然起源的学说。

老子的重要贡献在于，他把《易经》的阴阳观念及其规律，运用到了天地自然，人类的思想政治、经济管理、军事技术等各个领域。尤其将自然之道引申到人类社会，从而产生了德行的重要概念。道是自然规律，德为人类品行。老子是把人类社会与大自然融为一体来考察的，它既涉及万事万物之自然规律，也涉及人类的特殊规律，还涉及天地人共同之总规律。

更重要的是老子的《道德经》为人类指出了一个更高的境界"尊道贵德"。"修之于身，其德乃真；修之于家，其德乃余；修之于乡，其德乃长；修之于国，其德乃丰；修之于天下，其德乃普"。

《道德经》告诉我们：

①有无相生；

②阴阳相成；

③三才关联；

④尊道贵德；

⑤德行天下。

生存在自然中的人，不能不尊道，不能不贵德，不能不认识自然规律。

（三）《黄帝内经》——这是一部通过医治疾病，揭示人体结构及其功能，认识生命的经典文献。

微观地说，《黄帝内经》是一部中医理论之书；但宏观地看，宇宙自然的本质就是生命。宇宙从无极演化到太极，进而天地万物直至人，是一个完整微妙的生命整体系统。宗教及其信仰回到现实中来就是生命学。

人为万物之灵，就因为人具有一种意识与意识反馈，故能分辨死人与活人并显著区别于其他动植物。而这种意识是来源于宇宙意识的优遗传，使人成为天人合一的对象。故《黄帝内经》曰"人与自然是相应的，得神者昌，失神者亡"。只有人能够效法阴阳，明白象数。故《黄帝内经》说："阴阳者，天地之道也。万物之纲纪，变化之父母，生杀之本始，神明之府也，治病必求于本"。

所谓病，除了人体病外，实际还有思想病，精神病、家病、国病、天下病……所以说治人体之医道与治国之道同也。故《黄帝内经》提出："非独针道焉，夫治国亦然"。

简述而论，《黄帝内经》揭示出：

①生命是宇宙的本质；

②心身一元的论点；

③天人合一的思想；

④阴阳是万物之纲纪；

⑤医病与治国同道；

⑥精气神为生命之本。

人体是个最为复杂的世界。在那遥远的古代，《黄帝内经》的作者就可将这个世界了如指掌，提出治理之道，让人认识生命自己，使这个最为宝贵的生命人及人类社会健康发展，不能不说是一个伟大而奇迹般的贡献。

(四)《论语》——这是一部修身养性的伦理经典。

人及人类社会是自然界中最为活跃、能量最大的一个组成部分。由于人的主观能动性极强，他可将好事干尽，亦可将坏事做绝。所以，要想使人类社会健康发展，必须对人自己进行必要的"修理"。故孔子通过《论语》提出了一系列关于修身养性的观点，提倡

"仁、义、礼、智、信"以达"修身、齐家、治国、平天下"之目的。

《论语》是孔夫子关于人的理性的思考，希望人人都能达到"仁"的境界，成为圣人。这是一个极为高尚的欲望，极为善性的动机，应当成为人类的终极目标。

《论语》的主旨是：

①以德为根基安生立命；

②以仁为核心修身养性；

③以圣为宗旨齐家治国；

④以和为目标互利平天下。

这就是中国历代王朝把孔夫子推崇为圣人的原因，也是今天我们把《论语》仍然列选为重要经典之一的理由。

与以往不同的是，我们认为：人类社会自成为社会以来，善性的动机与高尚的理想欲望，一直就存在着。但由于历史的原因，本能的原因，自然的原因，物质与环境的原因……人自身的认识能力、智力水平、觉悟程度等未能达到实际需求的高度，以使人自身所处的这个社会环境，非理性因素处处可见，包括天盗、地盗、海盗等形形色色的帝国主义、军国主义、殖民主义以及高科技条件下出现的网络黑客大盗等等，强权暴力、侵略杀害层出不穷。因此，善性的人们不可只埋头"修身养性"追求"仁"的理想，还须做好"武"的功夫，以防不测，才能立于不败之地。或者将非理性转化为理性，以达到最终战胜非理性，从而实现《论语》提倡的理性目标。

这就是我们必须以《易经》"一阴一阳之谓道"的指导思想，两手都要"硬"的缘故。

（五）《孙子兵法》——这是一部克敌制胜、战胜困难、排除障碍，使人运筹得法的重要经典。

《孙子兵法》直观地说就是一部兵书，是克敌制胜之法宝。但客观地看，人类生活在现实社会中，所谓"敌情"时时都存在，事事都发生。人若生存并追求发展，不可能都是一帆风顺的，个体也好，群体也罢，一生中不知遭遇多少"敌情"：一是战争中枪林弹雨中的敌情；二是生活和事业发展中遭遇的各种灾难、困惑、困难、障碍等都需要人们去扫除、克服、战胜，否则难以前进、难以发展、难以生活，甚至难以生存。而《孙子兵法》就是这种克敌制胜的利器。

"兵者，国之大事，死生之地，存亡之道，不可不察也"。

国家衰败、落后，企业破产、公司倒闭、个人失业，确为人之大事，不可不察。不树立有效的"战胜"思想，不采取有效的"全胜"方法，就难以生存与发展。

《孙子兵法》揭示出许多克敌制胜的奇招妙计，后人还提炼与总结出三十六计。可见智谋是克敌制胜的法宝。

简要而言，《孙子兵法》思想为我们展示出如下运筹方略：

①道——尊天道，统领全局；

②知——察敌情，彻解双方；

③机——抓机缘，随时妙算；

④变——据实情，随机应变；

⑤奇——重文武，奇思妙想。

《孙子兵法》的哲学思想是以《易》理为依据的，

因此无论其思想还是其方法，都是我们"克敌制胜"的法宝。

七、新经典功能说

《易经》、《道德经》、《黄帝内经》、《论语》以及《孙子兵法》这五部文献，毫无疑问是中华古代之经典。我们之所以将其列为中华优秀传统文化代表作，其功能除了分别揭示宇宙观、自然观、生命观、伦理观和运筹观外，还有一个更重要的"宇宙自然发展有机统一体"的理由：

①历来学者们将传统文化分为儒家、道家、佛家。当今时代要弘扬优秀传统文化，必须打破门户之见，打破学派之别，从哲学的高度，从逻辑的视角，从国学文化的整体出发；

②哲学是统领各学科的学问，而哲学可分为两大类：A 自然哲学；B 人文哲学。优秀传统文化经典代表作，应从此两类中进行选择；

③《易经》虽然是符号体系，但以一阴（－－）一

阳（—）两个符号的组合排列，揭示出宇宙天地人三才之道，实属自然哲学。这个具有严密象数逻辑的符号体系，展示了宇宙本源、本体及其衍生发展之原理，可谓中华优秀传统文化之根；

④《道德经》揭示了宇宙自然规律，又阐述了人类尊道而行之德，其思想：道属自然哲学，德涵人文哲学。

⑤《黄帝内经》以人体为对象，以保健治病和延年益寿为目的，揭示了生命的本质，及其与宇宙自然之关系，其人体结构与功能属自然哲学，其保健治病与延年益寿属人文哲学。

⑥《论语》以人为对象，提倡修身养性，以仁、义、礼、智、信为内涵，主张正确处理好人与人的关系，以达良好的社会秩序，其思想属人文哲学。

⑦《孙子兵法》以克敌制胜为目的，教导人们如何掌握运筹方法，求生存，促发展，其思想属人文哲学。

宇宙的生存及其衍生发展，具有必然性、规律性，否则自然界不会有如此严密的秩序，人类只是自然界中一个重要的组成部分。因此，宇宙及其人类社会具有同样的实在性、根源性、整体性、衍生性和逻辑性。

首先，是宇宙及其本原的客观存在（宇宙观）。

其次，必然遵循自然规律衍生发展（自然观）。

然后，在衍生发展中彰显出生命的本质（生命观）。

再则，人为万物之灵，人类社会健康发展需改善人伦关系（伦理观）。

最后，人类生存、发展还需有效的谋略与筹划（运筹观）。

故《易经》宇宙观→《道德经》自然观→《黄帝内经》生命观→《论语》伦理观→《孙子兵法》运筹观，这五门学问相互之间具有自然发展的必然性，从而是一个逻辑的有机结构。可以认为是中华优秀传统文化之杰出代表，对于我国的改革开放及中华民族的伟大复兴事业，既能"守成"，更可"开拓"，并将成为人类社会健康发展的指路明灯。

五味精华篇

易道黄帝论兵法
——易经哲学中的五味精华

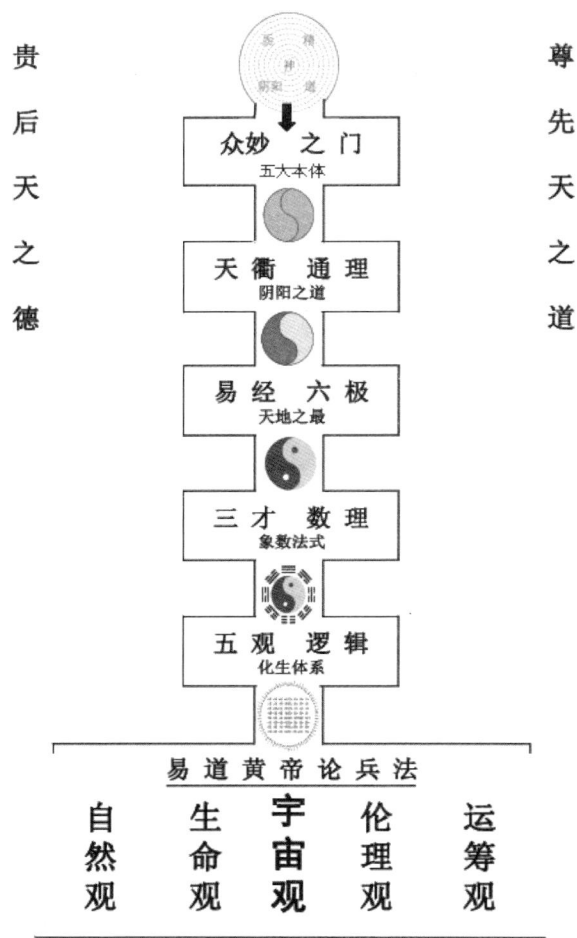

天地众妙之门

一、众妙之门——五大本体

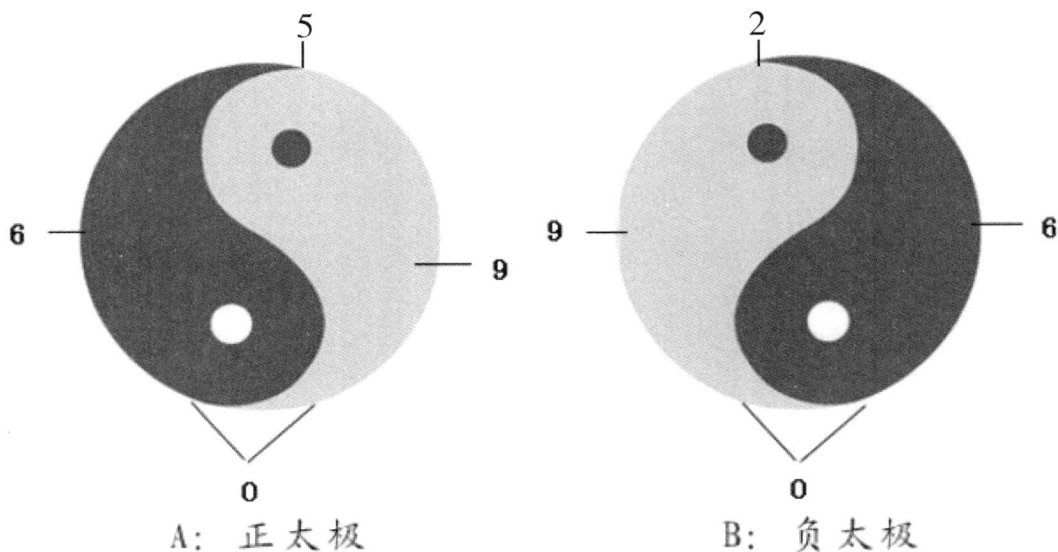

A：正太极　　　　　　　B：负太极

太极是由 0、5、2、6、9 五个象数构成的：

① 0 为无极；② 5 为本体；③ 2 为两性；④ 6 为老阴；⑤ 9 为老阳；

"易有太极，是生两仪"，两仪即天地，亦乾坤；乾坤感应，万物化生。

太极图字符与阿拉伯数字的契合，彰显出自然时空中的玄妙。尤其精、炁、神、道、阴阳本体之五，是无极妙有隐存方式，也是太极实有显现形态，是天地万物产生之根源。其本体功能为"异性相吸"，其化生原则是"对应统一"。

精炁神为实性本体，道阴阳为虚性本体；虚实并存，相互作用化生万物，故为"众妙之门"。

这是一幅名符其实的天下第一图。她的神秘性远远不仅是到目前为止人们所对她的悟测和预估。越是真理性的结构，就越是极其简洁；越是真理性的简洁，就越是极其神秘而复杂，越是神秘复杂，涵义也就极其深奥、丰富、多元。

伏羲符号系统，为人类认知大自然，打开了思辨的大门。这个系统不仅可用图形加以展示，而且可用语言文字加以表述，更可用象数法式予以演示；这是人类自古以来，任何一种理论所无法企及的。

太极图是宇宙本原与衍生发展之模式。既是《易》理阴阳观念的图式体现，又是象数法式的数理根源，同时也是"有生于无"的逻辑原理。她既给人以物质的力量，又显示出智慧的光芒。

天衢通理之鑑

二、天衢通理——阴阳之道

凡事要想达到目的，必须通过路或桥。

阴阳之道堪称天衢，虽与路桥异名，其功能相同。

要由此岸通达彼岸，必以路或桥。

交通、交通，交则通，不交则不通。天地交而万物通。

《易经》，就是由代表万事万物普遍性的阴阳爻两符号组合排列而成。而这个爻的蕴义，就是交感、交合、效法、交流、交变、交通之意，于是成为对应统一之路或桥，故能推理与模拟出一个衍生发展的逻辑系统。一阴一阳之谓道，经天衢直通人类的共同理性。

说到理性，万事万物各自有其个性，也存在共性；共性寓于个性之中。个性即事物的特殊性，使事物之间有所区别；共性即事物的普遍性，它使各个事物关系相联！

在人类进入互联互通的当今时代，命运共同体的渴望，要求我们致力于共同理性的探索，而只要我们寻找到共同理性，这个世界的前途就大有希望。

东方有东方的个性，西方有西方的个性；中国有中国的特殊性，美国有美国的特殊性；这就是互相区别，各自存在的理由。但是，我们同属于人类，不但与禽兽有区别，而且又是万物之灵，自然有其共同性；共同理性就存在于这个共性之中。无论人类的主观能动性有多强，也无论人类社会多么复杂，最终也逃脱不了这个共同规律的制约。

让天然的路与桥通达我们前进的方向！

易经六极之印

三、易经六极——天地之最

《易经》——伏羲氏的两仪、四象、八卦、六十四卦、三百八十四爻符号系统，具有严密的象数逻辑。她既是对物质现象规律的涵盖，也是对生命本质的总括。

《易经》为什么历经千古而不衰？主要原因是因为她揭示了宇宙的根本，抓住了生命世界的本质。

在距今约八千年的新石器时代，中华古圣人伏羲发现宇宙万物一阴一阳之共同规律，并创造出了《易经》符号系统，以致在夏代形成《连山易》，至商代演化为《归藏易》，到周代定型为《周易》，而后一直流传至今。

日月为易，其天、地、人三才之道，时空理性超群至极。

①仰观俯察，远取近取，始作八卦……始创于人类新石器时代，历史最早；

②一阴一阳之道，抽象宇宙天地万物之共性，立论之点最高；

③天、地、人三才之道，"易与天地准"，涵盖范围最广；

④"范围天地之化而不过，曲成万物而不遗"，思想性最深；

⑤两仪、四象、八卦，进而六十四卦三百八十四爻，并可用象数法式呈述，表达形式最简；

⑥一环扣一环，环环紧扣，象数推理义蕴严谨，逻辑性最强。

四方上下为宇，古往今来为宙；宇宙涵天、地、人三才，是一个具有生命力的有机结构。

易道，是原则、法则和规则，是自然规律使然，也是中华民族先民认知大自然的结果，其表达形式就是《易》。

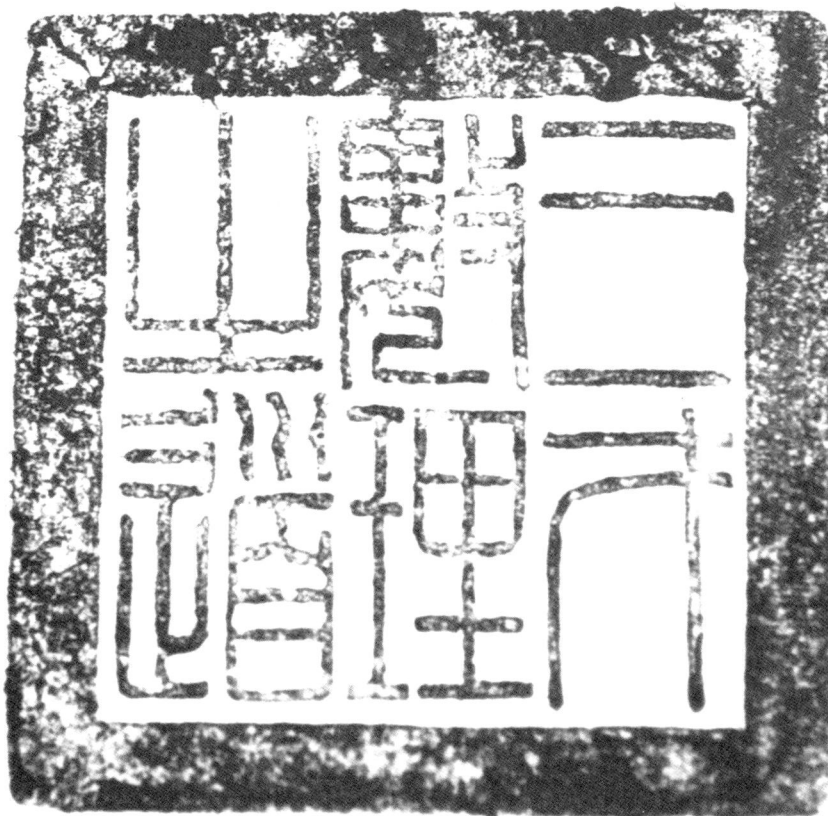

三才数理之道

四、三才数理——象数法式

天地万事万物都是依据一定的原则演化而来。有则必有理，有理必有义，有义必有象，有象必有数。万物都在数中产生和发展。

《易经》穷极广大而推其源，尽其精微而摄其要，其手段就是通过象数的功能实现的。

①以三才为元点之象数法式：$2^6 \times 6 = 64 \times 6 = 384$ [1]

②以宇宙本体为元点之象数法式：$2^5 \times 2 \times 6 = 64 \times 6 = 384$ [2]

③以太极为元点之象数法式：$2 \times 3 \times (6 \times 9 + 5 \times 2) = 2 \times 3 \times 64 = 6 \times 64 = 384$ [3]

《易经》384 爻系统及其内在隐存的象数逻辑，推理和模拟了宇宙天地人三才的形成与发展。

任何一种理论，都是通过文字来讲理，只有《易经》是通过图象、数理，逻辑推理而成。

天地人三才之道，是以宇宙本原存在精1、炁2、神3、道4、阴阳5，五大本体为主轴全方位贯通；以阴阳合数15为管道全方位互联；以8为枢纽全方位主控的逻辑体系。这个体系主导和决定了太极图、河图、洛书、先天卦、后天卦以及别卦方圆图的形成、结构、功能、蕴义以及它们的运行方式，显示宇宙天地万物的孕育发展有序而微妙通达。

伏羲创造的阴阳爻符号系统，是对天、地、人三才规律的认知；她既是物质的，也是生命的。单纯以物质关系是解释不了生命系统的。

天道原生，地道顺生，而人主观适应性极强，故人道善生。

1释：2：后天两仪，一阴一阳也；6次方：天道、地道、人道，三才而两之，故六，三才之道也；6：64卦每卦六爻也。

2释：2：先天两仪，一阴一阳也；5次方：宇宙本体5，即精、炁、神、道、阴阳也；2：后天一阴一阳，两仪也；6：三才而两之，六画而成卦也。

3释：2×3：太极中心生数中1、3、5三阳，2、4两阴，三天两地也；6×9：老阴6与老阳9；5×2：正极5与负极2。

五观逻辑之章

五、五观逻辑——化生体系

理性是符合自然规律之理，符合公众利益之规。但分散的、零星的、各自为政的理性，往往具有阶段性、局部性或个体性；而宇宙自然衍生发展逻辑有机结构之理性，却具有本根之天然性，故能成为共同理性之支撑。

宇宙的本原及其衍生发展，具有规律性和逻辑性，否则自然界不会有如此严密的秩序。人类是自然界中一个重要的组成部分，因此，人类社会与宇宙自然，具有同样的规律性及逻辑性；所以，《易经》宇宙观、《道德经》自然观、《黄帝内经》生命观、《论语》伦理观及《孙子兵法》运筹观，构成一个自然的有机统一体，毫无疑问符合人类共同理性渴求。可以称之谓中华优秀传统文化五观逻辑体系。

首先，是宇宙及其本原的客观存在（宇宙观）。

其次，必然遵循自然规律衍生发展（自然观）。

然后，在衍生发展中彰显出生命的本质（生命观）。

再则，人为万物之灵，人类社会健康发展需改善人伦关系（伦理观）。

最后，人类生存、发展还需有效的谋略与筹划（运筹观）。

故，《易经》宇宙观→《道德经》自然观→《黄帝内经》生命观→《论语》伦理观→《孙子兵法》运筹观，这五门学问相互之间具有自然发展的必然性，从而构成一个逻辑的有机结构。可以认为，这是人类社会共同理性的重要源泉。

附 录：
中英文对照

众妙之门
the Gateway to All that is Subtle

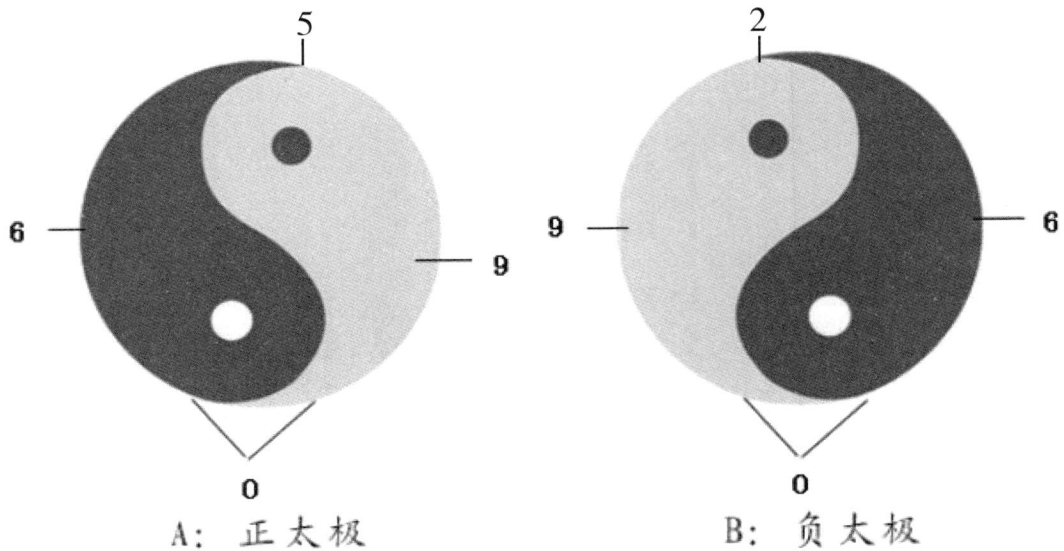

A: 正太极 B: 负太极

A: Plus supreme ultimate B: Minus supreme ultimate

太极是由0、5、2、6、9五个象数构成的：

Supreme ultimate (*Taiji*) is combined with five images and numbers: 0, 5, 2, 6, 9.

① 0为无极；② 5为本体；③ 2为两性；④ 6

为老阴；⑤ 9 为老阳；

0 is the without ultimate (*Wuji*), 5 is the ontology, 2 refers to two genders 6 represents the old yin (laoyin 老阴) while 9 represents the old yang (laoyang 老阳).

"易有太极，是生两仪"，两仪即天地，亦乾坤；乾坤感应，万物化生。

In the system of Yi, there is the supreme ultimate which produced two elementary forms. These two elementary forms are Qian and Kun, respectively representing the heaven and the earth. With the communications and interactions between these two, ten thousands of things came into being.

太极图字符与阿拉伯数字的契合，彰显出自然时空中的玄妙。尤其精、炁、神、道、阴阳本体之五，是无极妙有隐存方式，也是太极实有显现形态，是天地万物产生之根源。其本体功能为"异性相吸"，其化生原则是"对应统一"。

The images and numbers of supreme ultimate are in accordance of the Arabic numerals, which reveals the mystery and profoundness of time and space. 5, as the ontology of the pure, the soul, yin and yang, and the vitality and Dao, is the mysterious, profound and latent way of existence of supreme ultimate, the manifested modality of supreme ultimate and the origin of heaven and earth. The attraction of opposites is its function and the unity of opposites is its principle.

精炁神为实性本体，道阴阳为虚性本体；虚实并存，相互作用化生万物，故为"众妙之门"。

The pure, the vitality and the soul are the actual ontology while Dao, yin and yang are virtual ontology. The combination and transformation of actual and virtual gives birth to everything, thus it is " the gateway to all that is subtle".

这是一幅名符其实的天下第一图。她的神秘性远远不仅是到目前为止人们所对她的悟测和预估。越是真理性的结构，就越是极其简洁；越是真理性的简洁，就越是极其神秘而复杂，越是神秘复杂，涵义也就极其深奥、丰富、多元。

The image of supreme ultimate is worthy of its name because its mystery is beyond people's expectations. If the system is more close to the truth, usually it will have simple structure. The compacter the structure is, the more complicated the inherent meaning is.

伏羲符号系统，为人类认知大自然，打开了思辨的大门。这个系统不仅可用图形加以展示，而且可用

语言文字加以表述，更可用象数法式予以演示；这是
人类自古以来，任何一种理论所无法企及的。

The image system invented by Fu Xi opened
an ideological door for us to recognize
the nature. This system can not only been
displayed by pictures but also be expressed by
words, moreover, be demonstrated by images and
numbers, which is very prominent among all the
theories in the human history.

太极图是宇宙本原与衍生发展之模式。既是《易》
理阴阳观念的图式体现，又是象数法式的数理根源，
同时也是"有生于无"的逻辑原理。她既给人以物质
的力量，又显示出智慧的光芒。

The image of supreme ultimate demonstrates
the mode of the origin and development of the
universe. It illustrates the logical principle
of "being comes from non-being", which not
only reflecting ideas on Yin and Yang, but

also offering mathematical principles to the mode of images and numbers. It keeps on providing us with material energy and spiritual wisdom.

天衢通理
The Way to Heaven: the Common Principle

凡事要想达到目的，必须通过路或桥。

There is always a way or a bridge through which you can realize the target.

阴阳之道堪称天衢，虽与路桥异名，其功能相同。

The Dao of Yin and Yang can be called the way to heaven（天衢 tianqu）. Although it is differ from road or bridge in the name, their functions are quite similar.

要由此岸通达彼岸，必以路或桥。

Only through a way or a bridge can we get to the other shore.

交通、交通，交则通，不交则不通。天地交而万物通。

Communications aim to make contact and connections. If there is no contact at all, the connections will never happen. The heaven and the earth communicate with each other, as a result, all the things can make connections.

《易经》，就是由万事万物的普遍性，阴阳爻两符号组合排列而成。而这个爻的蕴义，就是交感、交合、效法、交流、交变、交通之意，于是成为对应统一之路或桥，故能推理与模拟出一个衍生发展的逻辑系统。一阴一阳之谓道，经天衢直通人类的共同理性。

With different permutations and combinations of ━ ━ (trigram of yin) and ━ (trigram of yang), *The Book of Changes* promulgates the common principle of universe Trigrams demonstrate things' imitations, interactions and communications and become the way or bridge of corresponding and unified relationship, building up a logical system of production and development.

说到理性，万事万物各自有其个性，也存在共性；共性寓于个性之中。个性即事物的特殊性，使事物之间有所区别；共性即事物的普遍性，它使各个事物关系相联！

Everything has its own character, while all things have commonness. The commonness is inherent in the personality. The personality is the particularity of things, which makes one thing different from another. The commonness is the universality of things, which helps things connected with each other.

在人类进入互联互通的当今时代，命运共同体的渴望，要求我们致力于共同理性的探索，而只要我们寻找到共同理性，这个世界的前途就大有希望。

Today we have been entering into an era of interconnection and interchange. The aspiration for the community of common destiny demands our exploration of collective rationalism, with which we will build up a hopeful world.

东方有东方的个性，西方有西方的个性；中国有中国的特殊性，美国有美国的特殊性；这就是互相区别，各自存在的理由。但是，我们同属于人类，不但与禽兽有区别，而且又是万物之灵，自然有其共同性；共同理性就存在于这个共性之中。无论人类的主观能动性有多强，也无论人类社会多么复杂，最终也逃脱不了这个共同规律的制约。

The east and the west have different characters. China and America have their own particularity, which is the reason why they are distinguished while co-exist. However, since we all belongs to the human kind and are the wisest of all creatures, we naturally have our commonness on which collective rationalism will be based. No matter how strong the subject ive initiative can be and how complicated the society is, we can never get rid of the collective rule.

让天然的路与桥通达我们前进的方向！

Let the natural way or bridge lead us to the direction we are heading in.

易经六极
Book of Changes: Six Ultimates

《易经》——伏羲氏的两仪、四象、八卦、六十四卦、三百八十四爻符号系统，具有严密的象数逻辑。她既是对物质现象规律的涵盖，也是对生命本质的总括。

The Book of Changes has very strict logic in which Fuxi build up a system with images of two elementary forms, four emblematic symbols, eight trigrams, sixty-four trigrams, three hundred and eighty-four horizontal lines. It not only covers the rules of material appearance but also summarizes the nature of life.

《易经》为什么历经千古而不衰？主要原因是因为她揭示了宇宙的根本，抓住了生命世界的本质。

The reason why The *Book of Changes* have such a long-lasted market is that it demonstrates the origin of the universe and the nature of life.

在距今约八千年的新石器时代，中华古圣人伏羲发现宇宙万物一阴一阳之共同规律，并创造出了《易经》符号系统，以致在夏代形成《连山易》，至商代演化为《归藏易》，到周代定型为《周易》，而后一直流传至今。

In the Neolithic period（more than 8000 years ago）, a Chinese sage named Fuxi concluded the rule of Yin and Yang in the universe and invented the images and numbers to symbolize it. In Xia Dynasty, the *Lianshan Yi* theory formed, then it was replaced by *Guizang Yi* theory in the Shang Dynasty. Not until the Zhou Dynasty did it start to be fixed and unchangeable, just like *The Book of*

Changes being spread so far.

日月为易，其天、地、人三才之道，时空理性超群至极。

The character Yi（易）is combined with the sun（日）and the moon（月），its theory on law of the heaven, earth and men and the rationalism on time and space are the most tremendous.

①仰观俯察，远取近取，始作八卦……始创于人类新石器时代，历史最早；

1. With long history. After looking up and down, imitating near and far, the sage concluded up with eight trigrams. All these happened during the Neolithic Period.

②一阴一阳之道，抽象宇宙天地万物之共性，立论之点最高；

2. Significant Arguments. The Dao of Yin

and Yang Summerises the commonness from ten thousands of things in the universe.

③天、地、人三才之道，"易与天地准"，涵盖范围最广；

3. Broad vision. It states law of heaven, earth and men, "Yi was made on the principle of accordance with heaven and earth".

④"范围天地之化而不过，曲成万物而不遗"，思想性最深；

4. Penetrating thought. (Through the Yi), he comprehends as in a mould or enclosure the transformations of heaven and earth without any error; by an ever-varying adaptation he completes (the nature of) all things without exception.

⑤两仪、四象、八卦，进而六十四卦三百八十四

爻，并可用象数法式呈述，表达形式最简；

5. Compacted way of expression. *The Book of Changes* uses images and numbers with two elementary forms, four emblematic symbols, eight trigrams, sixty-four trigrams and three hundred and eighty-four horizontal lines.

⑥一环扣一环，环环紧扣，象数推理义蕴严谨，逻辑性最强。

6. Strong logic. The reasoning of images and numbers are very abstract and strict.

四方上下为宇，古往今来为宙；宇宙涵天、地、人三才，是一个具有生命力的有机结构。

We call the four directions as yu（宇）and the past , the present and the future as zhou（宙）. Heaven, earth and men are included in the whole universe（宇宙）, which is a vigorous organic structure.

易道，是原则、法则和规则，是自然规律使然，也是中华民族先民认知大自然的结果，其表达形式就是《易》。

The Dao in book of changes is the principle, the rule, the law. It is a result of Chinese cognition of the nature.

三才数理
Heaven, Earth and Men: Mathematical Principle

天地万事万物都是依据一定的原则演化而来。有则必有理，有理必有义，有义必有象，有象必有数。万物都在数中产生和发展。

The universe came into being according to some principle. If there is something, there must be principles. If there is a principle, there must be righteousness. If there is righteousness, there must be images. If there are images, numbers will definitely be there through which everything is produced and developed.

《易经》穷极广大而推其源，尽其精微而摄其要，其手段就是通过象数的功能实现的。

The transcendent, the root and the main

spirit in *The Book of Changes* is the function of images and numbers.

①以三才为元点之象数法式：$2^6 \times 6 = 64 \times 6 = 384$[1]

1. The formula of images and numbers bases on the three types of talents (heaven, earth and men): $26 \times 6 = 64 \times 6 = 384$

②以宇宙本体为元点之象数法式：$2^5 \times 2 \times 6 = 64 \times 6 = 384$[2]

2. The formula of images and numbers bases on universal ontology: $25 \times 2 \times 6 = 64 \times 6 = 384$

③以太极为元点之象数法式：$2 \times 3 \times (6 \times 9 + 5 \times 2) = 2 \times 3 \times 64 = 6 \times 64 = 384$[3]

3. The formula of images and numbers bases on the supreme ultimate (*Taiji*): $2 \times 3 \times (6 \times 9 + 5 \times 2) = 2 \times 3 \times 64 = 6 \times 64 = 384$

《易经》384爻系统及其内在隐存的象数逻辑，推理和模拟了宇宙天地人三才的形成与发展。

The system of three hundred and eighties-four horizontal lines and the logic system inherent in it modifies the production and development of the universe, heaven, earth and men.

任何一种理论，都是通过文字来讲理，只有《易经》是通过图象、数理，逻辑推理而成。

Most of theories try to make arguments with words. Only *The Book of Changes* are expressed with images, mathematical principles and logical reasoning.

天地人三才之道，是以宇宙本原存在精1、炁2、神3、道4、阴阳5，五大本体为主轴全方位贯通；以阴阳合数15为管道全方位互联；以8为枢纽全方位主控的逻辑体系。这个体系主导和决定了太极图、河图、洛书、先天卦、后天卦以及别卦方圆图的形成、结构、功能、蕴义以及它们的运行方式，显示宇宙天地万物的孕育发展有序而微妙通达。

The Dao of heaven, earth and men are consisted with five ontology which is the pure, the vitality, the soul, Dao, Yin and Yang. These five ontology act as the chief axis while the 15 (the calculation of yin and yang) work as the pipe, these two connect with each other, under the guidance of the 8 (the hub). This system determines the formation, structure, function, meaning and development of the image of the supreme ultimate, river chart (He Tu 河图), Luo Shu Square (洛书), the Primordial (先天八卦) and the Manifested (后天八卦), displaying the orderly process and subtle transcendent of all things.

伏羲创造的阴阳爻符号系统，是对天、地、人三才规律的认知；她既是物质的，也是生命的。单纯以物质关系是解释不了生命系统的。

The image system represented by broken and solid lines invented by FU Xi is a kind of people's cognition to the rules of heaven, earth and men. It is material as well as spiritual. We cannot understand the life system only through the material.

天道原生，地道顺生，而人主观适应性极强，故人道善生。

The Dao of heaven produces life, the Dao of earth complies with life, while the Dao of men is doing good to life because men have strong adaptability.

1释　2：后天两仪，一阴一阳也；6次方：天道、地道、人道，三才而两之，故六，三才之道也；6：64卦每卦六爻也。

1: the manifested two elementary forms. 2 powers 6: the Dao of heaven, earth and men. Three types of talents multiplied by 2 equals six. 6: each trigram has six horizontal lines.

2释：2：先天两仪，一阴一阳也；5次方：宇宙本体5，即精、炁、神、道、阴阳也；2：后天一阴一阳，两仪也；6：三才而两之，六画而成卦也。

2: the primordial two elementary forms. 2 powers 5: five is the five ontology which is the pure, the vitality, the soul, Dao, Yin and Yang. 6: the Dao of heaven,earth and men. Three types of talents multiplied by 2 equals six. Each trigram has six horizontal lines.

3释：2×3：太极中心生数中1、3、5三阳，2、4两阴，三天两地也；6×9：老阴6与老阳9；5×2：正极5与负极2。

3: 2×3: 1、3、5 is the tree yang representing the heaven while 2 and 4 are the two ying representing the earth. 6×9: 6 represents the lao ying（老阴）while 9 represents lao yang（老阳）; 5×2: 5 represents the positive pole while 2 represents the negative pole.

五观逻辑
Logic System of New Five Reflections

理性是符合自然规律之理，符合公众利益之规。但分散的、零星的、各自为政的理性，往往具有阶段性、局部性或个体性；而宇宙自然衍生发展逻辑有机结构之理性，却具有本根之天然性，故能成为共同理性之支撑。

Rationalism is in accordance with the natural law and public interests. However, the scattered rationalism acting on the free will is periodical, localized and individual. Only those who follows the logic of universe can support the collective rationalism.

宇宙的本原及其衍生发展，具有规律性和逻辑性，否则自然界不会有如此严密的秩序。人类是自然界中一个重要的组成部分，因此，人类社会与宇宙自然，具有同样的规律性及逻辑性；所以，《易经》宇宙观、《道德经》自然观、《黄帝内经》生命观、《论语》伦理观及《孙子兵法》运筹观，构成一个自然的有机统一体，毫无疑问符合人类共同理性渴求。可以称之谓中华优秀传统文化五观逻辑体系。

The existence and development of the universe has its own logicality and regularity, otherwise, the nature would not be in such a rigorous order. Since human being is an important part of the nature, the human society and the universe, the nature are of the same logicality and regularity. Therefore, cosmology, view of nature, outlook on life, ethical perspective and view of strategies can be unified as an organic entirety, which we call as the logic system of new five reflections to Chinese traditional culture.

首先，是宇宙及其本原的客观存在（宇宙观）。

其次，必然遵循自然规律衍生发展（自然观）。

然后，在衍生发展中彰显出生命的本质（生命观）。

再则，人为万物之灵，人类社会健康发展需改善人伦关系（伦理观）。

最后，人类生存、发展还需有效的谋略与筹划（运筹观）。

故，《易经》宇宙观→《道德经》自然观→《黄帝内经》生命观→《论语》伦理观→《孙子兵法》运筹观，这五门学问相互之间具有自然发展的必然性，从而构成一个逻辑的有机结构。可以认为，是人类社会共同理性的重要源泉。

（1）Objective existence of the universe and its nature（cosmology）

（2）Evolution and development conforming to the natural law（view of nature）

（3）Essence of life revealed in the process of evolution（outlook on life）

（4）Improvement of human relations in

order to keep the society healthy and smooth (ethical perspectives)

（5）Effective strategies and planning for men's survival and development （view of strategies）

In conclusion, the cosmology from *The Book of Changes*, the view of Nature in *Tao Te Ching*, outlook on life of *Yellow Emperor's Canon of Internal Medicine*, ethical perspectives in *The Analects* and view of strategies of *Sun Tzu on the Art of War*, these five theories construct an organic structure of logic because they can expand into each other naturally. I believe the logical system of new five reflections to Chinese traditional culture is the important source to construct collective rationality in global village.

（英文翻译：北京师范大学副教授　蒋丽梅）

共同理性篇

易道黄帝论兵法
——共同理性逻辑结构探要

自从人类出现在地球上，这个星球就显得格外生机勃勃，格外眼花缭乱，格外错综复杂……

然而，进入21世纪，人类终于曙光初露，命运共同体将迎接共同理性——虽然路途漫长。

一、地球村需要共同文化

地球村这个概念，虽然产生于20世纪末，但成熟是在21世纪初期。其标志就是全球互联网的普及。加之广播、电视、手机、航空、铁路、高速公路以及卫星系统等快速发展，加快了全球化进程，促进了世界经济贸易、军事科技、政治文化、民族风情、思想感情的交流与合作。

21 世纪是一个信息联通时代，是一个利益与命运联通的时代，互联互通已成为地球村的现实。

文化是由人类创造的。在人类历史上由于山重水复的地理条件，漫长而曲折的发展道路，全球人分居各个深山、旷野、沟壑、孤岛……形成"老死难以往来"的氏族部落和各式各样的"村落"。漫长的历史，造就了各自不同的语言、习俗、宗教、信仰，各自创造了不同的文化，形成了五彩缤纷的灿烂文明。虽然各地人们也有交流与感受的方式，但方式简单，范围极小。结果产生两个后果：一是互不了解，误会不断；二是为某些玩弄阴谋权术的"霸主"提供了条件。

如今互联互通的地球村，无论何时何地产生某家鸡飞狗跳，某家莺歌燕舞，瞬时间名扬全村，产生了一种让人"视之不见，触之不得"的时代强力，比几颗原子弹、氢弹的威力不知大了多少倍！连那些世界级的非理性言行者，也不得不退缩三分，习惯于依仗枪炮攫取私利的人也被迫挖空心思寻找"合法"借口，玩弄阴谋诡计的黑手已经不敢轻意碰撞阳光之墙。

然而，历史上各个村落"通风透气"有限，识别这样的嘴脸实在太难了，几乎不可能。漫漫黑夜让全村人不知度过了多少个世纪。

当今，地球村需要共同文化了。共同文化不是哪一家文化，不是局部文化，也不是个体文化或特殊性文化，是普遍性文化。如今的地球村良家子女们"串门"的机会和方式，比隔绝的过去，不知多了多少倍。修路、搭桥、盖房子，互通有无；防贼、防盗，共商良策；诸葛亮的"锦囊妙计"，再也不用策马千里了，只需"信息"一点，万里以外即可。全球各民族文化种类虽然数量众多，分散四野，但如今的互联互通网络手段，却在瞬间即可大白天下。

在这个多元文化呈现的时代，有一种说法名曰："文明的冲突"。其实，文明之间是不可能冲突的。凡是冲突，就不是文明的；凡是文明的，就不会冲突。冲突，一是在不文明的双方间发生；二是在不文明与文明之间发生。不文明是挑起冲突的祸根。

在这个互联互通发达的时代，不文明者难有藏身之地。人类社会虽然还会有艰难曲折的路要走，但理性的曙光已呈现。例如，伊拉克战争的发动者承认这是个错误，英国对伊战争的调查报告提出追责，中美建立新型大国关系，土耳其为击落俄机表示认错致歉，欧洲难民潮被认为是战争的发动者搬起石头砸了自己的脚以及英国脱欧……等等，这些国际风波都是历史上从未有过的理性曙光的闪烁。

从根本上说，文明是理性，不文明是非理性。所谓理性是符合自然规律之理，符合公众利益之规，反之即谓非理性。互联互通的当今时代，利益与命运共同的21世纪，是人类得以分辨是与非的制高点。我们总不能把历史上发生过的，属于特殊性或阶段性认知，仍然当作人类文明！

文明发展具有渐进性与渐进发展阶段性。我们应站在人类当今时代的制高点上，认知是非，评判是非；共同弘扬正义，协力抑制邪恶。这应是人类利益共同、命运共同的本质要求。

当今世界已经成为互联互通的地球村，共同的利益，共同之命运将产生新的诉求；共性探索，共性追求，共性思想，共性文化，将成为共同需求。

所谓共同文化，也不是指现实社会中某个民族、某个国家，或某个政党、阶层所创造的适合自己的特殊性文化；但共性文化存在于各民族的个性文化之中，是适合全球人类共同需求的普遍性文化。

全球互联互通，使地球人比任何历史时期都更加互相了解、互相依赖、互相支持、互相帮助。利益共同、命运共同，已成为多数人求生存、促发展的共识。那种不分是非"唯我第一"，不论黑白"炫耀武力"者的日子过得已经很艰难了。

求生存、促发展是人类共同面临的两大任务。问题在于是强取豪夺，还是合作共赢，这是理性与非理性的分水岭。

由于历史的原因，人类一直在黑暗中追求光明。众多的人由于生存的困境，一生疲于奔命，只有少数智者在为光明而苦其心志。虽然在世界各文明古国都产生过这样的智者，但我们认为中国先秦古典文献中蕴涵的哲学智慧，更具根源性、系统性、逻辑性和天然性。在当今互联互通的全球化时代，唯一接续不断衍生了数千年的中华古文化，为人类共同追求与探索命运共同体的智慧成为了可能并提供了条件。

人类命运共同体的根本指导思想，在于对理性的铸造。

在非理性条件下，军事、科技、经济越是高度发达，给地球村带来的灾难也就越大。即便是新技术的提升，只要是以战争为目的，都会刺激四面八方，必然促使其"魔高一尺，道高一丈"。

因此，在"道高一丈"的同时，铸造理性就成为推进人类命运共同体健康发展的重要任务。

二、共同体需要共同理性

共同文化是普遍性文化，但共同文化不一定都是共同理性。文化，无论其认为经天还是纬地，往往具有人为属性；它都是人类自己的感性认知及其实践行为，在初始阶段，是各自生存方式的多元化存在。在一定程度上，还有社会"包容性"；而理性，虽然也具感性认知与人为属性，但它是更高层次上的普遍存在方式，是人类与自然长期磨合，共处共生的结果，更具天然性或本然性。

文化是生活的必须，而理性却是文化的结晶，是必然的必须。从共同文化到共同理性，也需要一个渐进演化的过程。

人虽然也是自然界的一部分，但他是万物之灵，好事可以做尽，坏事也能做绝。这就决定了地球村的复杂性。在人类社会的现阶段，理性或共同理性也难以独善其身，还需要硬实力的护卫。由于互联互通，使得全球的利益密不可分，作为共同体，共同之合力也就成为必然。

所谓共同理性，在哲学上是指理性的普遍性或共性。只适合于某个民族团体或国家与政党利益的理，只有当它既符合自然规律，又普遍适合于地球村全体村民整体利益时，才可称之谓共同理性。共同理性首先存在于自然界，而后实行于人类的社会实践与生活中。

依据自然发展规律之逻辑及其与人类求生存促发展之需求，理性是人类始终的选择。在此，中华古代先民为我们提供了丰富的思想资源。我们认为，中国先秦古典文献：《易经》、《道德经》、《黄帝内经》、《论语》、《孙子兵法》这五部经典（可以简述为"易道黄帝论兵法"），是众多文献中的典型巨著。它是揭示宇宙观、自然观、生命观、伦理观、运筹观等哲学思想的重要宝库。当今时代，无论地球村的任何一种文化，都不可能脱离这个天然的具有普遍性的根本。因为文化产生于人的实践与自然，如若背离了"天、地、人三才之道"、脱离了"人法地、地法天、天法道、道法自然"此关联律，它终将把村民们导入歧途。而在现实中，这种背道而驰的所谓文化行为确也屡见不鲜。

要把地球村全体村民导向理性世界，确非易事。但地球村的共同体利益，需要的是理性文化。如果有人把自己的损人利己，自认为是"真理"的意志强加于全体村民，当今时代是难上加难了。只有符合"天、地、人"三才之道并构成宇宙自然发展有机统一体的思想文化才是地球村全体村民的福音。

三、共同理性必由逻辑支撑

道，是事物一阴一阳对应统一而形成的一种序律；

理，是存在于事物之间的关系因，故习惯上称之为道理。道与理，在本质上都具有天然性。有机结构的天然性系统，更具严密的逻辑性。

宇宙观、自然观、生命观、伦理观、运筹观，这五观之间自身就具有天然的逻辑性。而中华优秀传统文化经典中的《易经》、《道德经》、《黄帝内经》、《论语》及《孙子兵法》又为上述五观提供了较为全面、丰厚而深邃的思想论述。因此，从共同理性逻辑系统的需要出发，有必要将古典五部经典，再次简述如下：

（一）《易经》——这是中华优秀传统文化的源头活水，其核心思想是"一阴一阳之谓道"。"天、地、人三才之道"，是一部具有严密象数逻辑的哲学体系，她是由符号结构而建立的，她的哲学思想以"大传"的语言文字表达得尤为充分。她揭示宇宙万物阴阳并存、心物一元、道器并重、三才之道、对应统一；虽然是一部古人用一阴（－－）一阳（—）两个符号组合而成的逻辑系统，却把宇宙万物演化规律活灵活现地呈现在世人面前：

①心物一元的思想；

②对应统一的观点；

③三才之道之规律；

④象数逻辑结构；

⑤象数义理统一；

⑥范围天地之化；

⑦曲成万物之道。

《易经》宇宙观的核心思想是：阴阳之道，对应统一。

《易经》是人类新石器时代伏羲由阴阳两符号创建的。她的象数义理结构，其蕴义一环扣一环，环环紧扣，推理严谨，逻辑性最强。这是人类共同理性之最高境界。宇宙本体及其衍生发展，为人类认知"我是谁，从哪里来，到哪里去"创造了条件。

探索宇宙本原及其衍生发展之原则、规律，将《易经》作为标志性文献，当之无愧。

（二）《道德经》——这是一部揭示自然规律及其与人的关系的经典。老子秉承《易》理阴阳之道，提出"人法地、地法天、天法道、道法自然"天、地、人三才关联律。并认为"无名，天地之始；有名，万物之母"，以及"反者道之动，弱者道之用；天下万物生于有，有生于无"，这是人类最早的关于宇宙自然起源的学说。为人类共同理性之认知，提供了丰厚的思想。

《道德经》涉及内容也很丰富，但我们必须抓其核心论其要点。

老子的重要贡献在于，他把《易经》的阴阳观念及其规律，运用到了天地自然、人类的思想政治、经济管理、军事技术等各个领域。尤其将自然之道引申到人类社会，从而产生了德行的重要概念。道是自然规律，德为人类品行。老子的人类共同理性观点十分明显，他既涉及万事万物之自然规律，也涉及人类的特殊规律，还涉及天地人共同之总规律。

更重要的是老子的《道德经》为人类指出了一个共同理性的更高境界——"尊道贵德"。"修之于身，其德乃真；修之于家，其德乃余；修之于乡，其德乃长；修之于国，其德乃丰；修之于天下，其德乃普"。

《道德经》告诉我们：

①有无相生；

②阴阳相成；

③三才关联；

④尊道贵德；

⑤德行天下。

《道德经》自然观的核心思想是：有无相生，道法自然。

《道德经》是一部探索人类共同理性自然规律的哲学专著，研究自然观的代表作，舍此其谁？

生存在自然中的人，不能不尊道，不能不贵德，不能不认识自然规律。

（三）《黄帝内经》——这是一部通过医治疾病及延年益寿，揭示人体结构及其功能，认识生命的经典文献。

微观地说，《黄帝内经》是一部中医理论之书；但宏观地看，宇宙自然的本质就是生命。宇宙从无极演化到太极，进而天地万物直至人，是一个完整微妙的生命逻辑系统。这是探索人类共同理性必须深入研究的重要课题。

无论佛教、印度教，还是基督教、天主教、伊斯兰教……等，如果脱离了生命，其将统统不复存在。

宗教及其信仰学术思想，无论其多么高深，回到现实中来都是生命学，无须单独列位。

人为万物之灵，就因为人具有意识与意识反馈，故能分辨死人与活人并显著区别于其他动植物。而这种意识是来源于宇宙意识基因，使人成为天人合一的对象。只有人能够效法阴阳，明白象数，通达义理。作为万物之灵的人，成为生命观的研究对象当属必然。

所谓病，除了人体病外，实际还有思想病、精神病、家病、国病、天下病……所以说治人体之医道与治国之道同也。故《黄帝内经》提出："非独针道焉，夫治国亦然"。

简述而论，《黄帝内经》揭示出：

①生命是宇宙的本质；

②精气神为生命之本；

③心身一元的论点；

④天人合一的思想；

⑤阴阳是万物之纲纪；

⑥医病与治国同道。

《黄帝内经》生命观的核心思想是：心智通灵，妙有生生。

人体是个极为复杂的精妙世界。在那遥远的古代，《黄帝内经》提出治理之道，让人认识生命自己，使这个最为宝贵的生命人及人类社会健康发展，不能不说是一个伟大而奇迹般的贡献，实属人类共同理性生命观的核心思想。

在古文献中，研究生命的论述确也不少，但比较全面、深刻的专著，《黄帝内经》算得上是独一无二。

（四）《论语》——这是一部修身养性的伦理经典，是孔夫子开给人类健康发展的一剂药方。

人及人类社会是自然界中最为活跃、能量最大的一个组成部分。由于人的主观能动性极强，他可将好事干尽，亦可将坏事做绝。所以，要想使人类社会健康发展，必须对人自己进行必要的"修理"。故《论语》思想提出了一系列关于修身养性的观点，提倡"仁、义、礼、智、信"以达"修身、齐家、治国、平天下"之目的。这是人类共同理性的必须。

《论语》是孔夫子关于人的理性的思考，希望人人都能达到"仁"的境界，成为圣人。确是一个极为高尚的欲望，极为善性的动机，应当成为人类的终极理性目标。

《论语》的主旨是：

①以德为根基安生立命；

②以仁为核心修身养性；

③以圣为宗旨齐家治国；

④以和为目标互利平天下。

《论语》伦理观的核心思想是：修之以德，仁和天下。

这就是中国历代王朝把孔夫子推崇为圣人的原因，也是今天我们把《论语》仍然列选为重要经典之一的理由。

与以往不同的是，我们认为：人类社会自成为社会以来，善性的动机与高尚的理想之共同理性，一直就存在着。但由于历史的原因，本能的原因，自然的原因，物质与环境的原因……人自身的认识能力、智力水平、觉悟程度等未能达到现实理性的高度，以使人自身所处的这个社会环境，非理性因素处处可见，其中有各种形形色色的帝国主义、军国主义、殖民主义以及高科技条件下出现的网络黑客大盗等等，强权暴力、侵略杀害层出不穷。因此，善性的人们不可只埋头"修身养性"追求"仁"的理想，还须做好"武"的功夫，以防不测，才能立于不败之地。

其实，当年孔夫子讲学也传授射、御的思想与技能，但因历史原因没有成为国学主流，被历代封建势力所扭曲，成为维持自我统治及霸权主义的工具。

这就是今天我们必须以《易经》"一阴一阳之谓道"的指导思想，主张两手都要"硬"的缘故。

以《论语》为代表，可兼容《孟子》、《荀子》以及《大学》、《中庸》等伦理思想，但伦理观以孔子思想为代表理所当然。

（五）《孙子兵法》——这是一部克敌制胜、战胜困难，排除障碍，使人运筹得法的重要经典。

《孙子兵法》直观地说就是一部兵书，面对的是你死我活的战争。但客观地看，人类生活在现实社会中，所谓"敌情"时时都存在，事事都发生。人若生存并追求发展，不可能都是一帆风顺的，个体也好，群体也罢，一生中不知遭遇多少"敌情"：一是战争中枪

林弹雨中的敌情；二是生活和事业发展中遭遇的各种
灾难、困惑、困难、障碍等都需要人们去扫除、克服、
战胜。否则难以前进、难以发展、难以生活，甚至难
以生存。而《孙子兵法》就是这种克服困难、扫除障
碍的利器。

"兵者，国之大事，死生之地，存亡之道，不可
不察也"。所谓"兵"，就是战胜困难、扫除障碍的
"利器"。

国家衰败、落后，企业破产、公司倒闭、个人失
业，确为人之大事，不可不察。不树立有效的"战胜"
思想，不采取有效的"全胜"方法，就难以生存与
发展。

《孙子兵法》揭示出许多克敌制胜的奇招妙计，后
人还提炼与总结出三十六计。可见智谋是克敌制胜的
法宝。

简要而言，《孙子兵法》思想为我们展示出如下运
筹方略：

①道——尊天道，统领全局；

②知——察敌情，彻解双方；

③机——抓机缘，随时妙算；

④变——据实情，随机应变；

⑤奇——重文武，奇思妙想。

《孙子兵法》运筹观的核心思想是：道统全谋，出奇至胜。

古代兵书及军事思想家不少，如鬼谷子、孙膑、诸葛亮等不计其数，但其思想的全面性、完整性及哲学意义上的深邃性，唯《孙子兵法》为上，确有显著的运筹方略之代表性。实属人类求生存、谋发展之共同理性的重要法宝。

《易经》、《道德经》、《黄帝内经》、《论语》、以及《孙子兵法》这五部文献的哲学思想，其宇宙观、自然观、生命观、伦理观及运筹观毫无疑问符合人类命运共同体的共同理性渴求。我们之所以将其列为中华优秀传统文化代表作，其功能除了分别揭示宇宙观、自然观、生命观、伦理观和运筹观外，其自身还是逻辑意义上一个重要的"宇宙自然发展有机统一体"：

首先，是宇宙及其本原的客观存在（宇宙观）。

其次，必须遵循自然规律衍生发展（自然观）。

然后，在衍生发展中彰显出生命的本质（生命观）。

再则，人为万物之灵，人类社会健康发展，需改善人伦价值追求（伦理观）。

最后，人类生存、发展还需有效的谋略与筹划（运筹观）。

这五门学问相互之间具有自然发展的必然性，从而构成一个逻辑的有机结构。可以认为，是中华优秀传统文化逻辑体系。严谨的逻辑结构足以为人类共同理性思想提供支撑。

作者简介

　　宝善，姓马，字守昌，笔名甫英，号易明。男，1941年生于山西省太原市古交康庄，高级编辑。

　　6岁从师书法，初习柳公权书，后致力于行书。15岁后中断多年，忙于读书。参加工作后，长期执业报刊编审及报业管理工作。

　　"文化大革命"期间冤狱九年。狱中潜心研习中国古代哲学，旁及书法。粉碎"四人帮"后，方得平反，重返工作岗位。

　　多年担任法制日报社副社长兼中国律师报常务副总编辑，并历任中国行为法学会常务副会长兼秘书长及《行为法学》、《法治行为》、《中国法治》、《华人世界》等刊物社长、总编辑职务。

　　1991年始，学习《易经》并重操书法。因受"易理"启迪，始创似反而非反的书法艺术——"易道书法"。其书法字体，粗看是反体，细瞧实属正体，惟妙惟肖，令人耳目一新。2003年，《易道书法》由西泠印社正式出版。同时，作者还爱好收藏历代有关卦爻符号及太极图、河图、洛书等图案的各种器物。

2001 年始，将研易、收藏、书法统一于《易道》系列，先后正式出版《易道书法》、《易道收藏》、《易道爻说》、《易道卦说》、《易道太极说》、《易道象数逻辑》、《易道·德行说》、《易道宇宙观》。在《易经》哲学领域，作者以全新的视角、全新的观念、全新的方法、全新的论点和全新的体系，提出了"天道原生、地道顺生、人道善生、本体全生"和"心物一元论"及"宇宙万物对应统一"等新观点。在某种程度上，澄清了人们对《易经》的误解，纠正了长期以来人们对《易经》的偏见，为《易经》研究开创出新的前景。

近几年，作者在继续研究和探索的同时，担任华夏国际易道研究院院长和华夏易明书画院院长，及中国先秦史学会易道研究会会长，并应邀到北京及全国各地进行"关于易经哲学研究的若干问题"的讲座五十余场，反响积极，深受学界好评，并被北京、西安、深圳、沈阳、河南、湖南、湖北等高校特聘为兼职教授；被北京大学元培学院聘为课外导师。

责任编辑：任益

图书在版编目（CIP）数据

易道五观说 / 马宝善著. —北京 ：人民出版社，2017.11

ISBN 978-7-01-018502-6

Ⅰ．①易… Ⅱ．①马… Ⅲ．①《周易》—研究

Ⅳ．① B221.5

中国版本图书馆 CIP 数据核字（2017）第 265607 号

易道五观说

YIDAO WUGUANSHUO

马宝善　著

人 民 出 版 社 出版发行

（100706　北京市东城区隆福寺街 99 号）

北京中科印刷有限公司印刷　新华书店经销

2017 年 11 月第 1 版　2017 年 11 月北京第 1 次印刷

开本：889 毫米×1194 毫米 1/16　印张：7.25

字数：56 千字

ISBN 978-7-01-018502-6　定价：97.00 元

邮购地址　100706　北京市东城区隆福寺街 99 号

人民东方图书销售中心　电话 （010）65250042　65289539